A Alan Humm

ESCORPIO

Una guía para la mejor vida astrológica

STELLA ANDROMEDA

ILUSTRACIONES DE EVI O. STUDIO

cincotintas

Introducción 7

I.

Get to Know Escorpio

II.

Escorpio en profundidad

III.

Quiero saber más

Introducción

En el pronaos del templo de Apolo en Delfos había una
inscripción con la frase «Conócete a ti mismo». Se trata
de una de las ciento cuarenta y siete máximas, o normas de
conducta, de Delfos y se le atribuyen al propio Apolo. Más
adelante, el filósofo Sócrates amplió la idea y afirmó que
«una vida sin examen no merece ser vivida».

Las personas buscamos el modo de conocernos a nosotras
mismas y de encontrar sentido a la vida e intentamos entender
los retos que plantea la existencia humana; con frecuencia,
recurrimos a la psicoterapia o a sistemas de creencias, como
las religiones organizadas, que nos ayudan a entender mejor
la relación que mantenemos con nosotros mismos y con los
demás y nos ofrecen herramientas concretas para conseguirlo.

Si hablamos de los sistemas que intentan dar sentido
a la naturaleza y a la experiencia humanas, la astrología
tiene mucho que ofrecernos mediante el uso simbólico
de las constelaciones celestes, las representaciones de los
signos zodiacales, los planetas y sus efectos energéticos. A
muchas personas les resulta útil acceder a esta información y
aprovechar su potencial a la hora de pensar en cómo gestionar
su vida de un modo más eficaz.

¿Qué es la astrología?

En términos sencillos, la astrología es el estudio y la interpretación de la influencia que los planetas pueden ejercer sobre nosotros y sobre el mundo en el que vivimos mediante el análisis de sus posiciones en un punto temporal concreto. La práctica de la astrología se basa en una combinación de conocimientos fácticos acerca de las características de esas posiciones y la interpretación psicológica de las mismas.

La astrología es más una herramienta para la vida que nos permite acceder a sabiduría antigua y consolidada que un sistema de creencias. Todos podemos aprender a usarla, aunque no tanto como herramienta para adivinar o ver el futuro, sino como una guía que nos ofrece un conocimiento más profundo y una manera más reflexiva de entender la vida. La dimensión temporal es clave en astrología y conocer las configuraciones planetarias y las relaciones entre ellas en puntos temporales concretos puede ayudarnos a decidir cuál es el momento óptimo para tomar algunas de las decisiones importantes en nuestra vida.

Saber cuándo es probable que ocurra un cambio significativo en nuestras vidas como consecuencia de configuraciones planetarias específicas, como el retorno de Saturno (p. 103) o la retrogradación de Mercurio (p. 104), o entender qué significa que Venus esté en nuestra séptima casa (pp. 85 y 98), además de conocer las características específicas de nuestro signo zodiacal, son algunas de las herramientas que podemos usar en nuestro beneficio. El conocimiento es poder y la astrología puede ser un complemento muy potente a la hora de enfrentarnos a los altibajos de la vida y a las relaciones que forjamos por el camino.

Los 12 signos zodiacales

Cada uno de los signos del Zodíaco tiene unas características que lo identifican y que comparten todas las personas que han nacido bajo él. El signo zodiacal es tu signo solar, que probablemente conoces, ya que acostumbra a ser el punto desde el que empezamos a explorar nuestros senderos astrológicos. Aunque las características del signo solar pueden aparecer de un modo muy marcado en la personalidad, solo ofrecen una imagen parcial de la persona.

La manera como nos mostramos ante los demás acostumbra a estar matizada por otros factores que merece la pena tener en cuenta. El signo ascendente también es muy importante, al igual que la ubicación de nuestra Luna. También podemos estudiar nuestro signo opuesto, para ver qué características necesita reforzar el signo solar para quedar más equilibrado.

Una vez te hayas familiarizado con tu signo solar en la primera parte del libro, puedes pasar al apartado Quiero saber más (pp. 74-105) para empezar a explorar las particularidades de tu carta astral y sumergirte más profundamente en la miríada de influencias astrológicas que pueden estar influyéndote.

Los signos solares

La tierra necesita 365 días (y cuarto, para ser exactos) para completar la órbita alrededor del Sol y, durante el trayecto, nos da la impresión de que cada mes el Sol recorre uno de los signos del Zodíaco. Por lo tanto, tu signo solar refleja el signo que el Sol estaba atravesando cuando naciste. Conocer tu signo solar, así como el de tus familiares, amigos y parejas, no es más que el primero de los conocimientos acerca del carácter y de la personalidad a los que puedes acceder con la ayuda de la astrología.

En la cúspide

Si tu cumpleaños cae una fecha próxima al final de un signo solar y al comienzo de otra, vale la pena saber a qué hora naciste. Astrológicamente, no podemos estar «en la cúspide» de un signo, porque cada uno de ellos empieza a una hora específica de un día determinado, que, eso sí, puede variar ligeramente de un año a otro. Si no estás seguro y quieres saber con exactitud cuál es tu signo solar, necesitarás conocer la fecha, la hora y el lugar de tu nacimiento. Una vez los sepas, puedes consultar a un astrólogo o introducir la información en un programa de astrología en línea (p. 108), para que te confeccione la carta astral más precisa que sea posible.

Tauro

El toro

★

21 ABRIL – 20 MAYO

Tauro, con los pies en la tierra, sensual y aficionado a los placeres carnales, es un signo de tierra fijo al que su planeta regente, Venus, ha concedido la gracia y el amor por la belleza a pesar de que su símbolo sea un toro. Acostumbra a caracterizarse por una manera de entender la vida relajada y sin complicaciones, si bien terca a veces, y su signo opuesto es el acuático Escorpio.

Aries

El carnero

★

21 MARZO - 20 ABRIL

Astrológicamente, es el primer signo del Zodíaco y aparece junto al equinoccio vernal (o de primavera). Es un signo de fuego cardinal simbolizado por el carnero y el signo de los comienzos. Está regido por el planeta Marte, lo que representa dinamismo para enfrentarse a los retos con energía y creatividad. Su signo opuesto es el aéreo Libra.

Géminis

Los gemelos

✱

20 MAYO – 20 JUNIO

Géminis es un signo de aire mutable
simbolizado por los gemelos.
Siempre intenta considerar las dos
caras de un argumento y su ágil
intelecto está influido por Mercurio,
su planeta regente. Tiende a eludir
el compromiso y es el epítome
de una actitud juvenil. Su signo
opuesto es el ardiente Sagitario.

Cáncer

El cangrejo

✱

21 JUNIO – 21 JULIO

Representado por el cangrejo y la
tenacidad de sus pinzas, Cáncer
es un signo de agua cardinal,
emocional e intuitivo que protege
su sensibilidad con una coraza.
La maternal Luna es su regente y
la concha también representa la
seguridad del hogar, con el que
está muy comprometido. Su signo
opuesto es el terrestre Capricornio.

Virgo

La virgen

✱

22 AGOSTO – 21 SEPTIEMBRE

Virgo, representado tradicionalmente por una doncella o una virgen, es un signo de tierra mutable, orientado al detalle y con tendencia a la autonomía. Mercurio es su regente y lo dota de un intelecto agudo que puede llevarlo a la autocrítica. Acostumbra a cuidar mucho de su salud y su signo opuesto es el acuático Piscis.

Leo

El león

✱

22 JULIO – 21 AGOSTO

Leo, un signo de fuego fijo, está regido por el Sol y adora brillar. Es un idealista nato, positivo y generoso hasta el extremo. Representado por el león, Leo puede rugir orgulloso y mostrarse seguro de sí mismo y muy resuelto, con una gran fe y confianza en la humanidad. Su signo opuesto es el aéreo Acuario.

Escorpio
El escorpión

✶

22 OCTUBRE – 21 NOVIEMBRE

Como buen signo de agua fijo,
Escorpio es dado a las emociones
intensas y su símbolo es el
escorpión, que lo vincula así al
renacimiento que sigue a la
muerte. Sus regentes son Plutón
y Marte y se caracteriza por una
espiritualidad intensa y emociones
profundas. Necesita seguridad para
materializar su fuerza y su signo
opuesto es el terrestre Tauro.

Libra
La balanza

✶

22 SEPTIEMBRE – 21 OCTUBRE

Libra, un signo aéreo cardinal
regido por Venus, es el signo de
la belleza, del equilibrio (de ahí
la balanza) y de la armonía en un
mundo que idealiza y al que dota
de romanticismo. Con su gran
sentido de la estética, Libra puede
ser artístico y artesanal, pero
también le gusta ser justo y puede
ser muy diplomático. Su signo
opuesto es el ardiente Aries.

Sagitario

El arquero

★

22 NOVIEMBRE – 21 DICIEMBRE

Representado por el arquero, Sagitario es un signo de fuego mutable que nos remite a los viajes y a la aventura, ya sea física o mental, y es muy directo. Regido por el benévolo Júpiter, Sagitario es optimista y rebosa de ideas. Le gusta la libertad y tiende a generalizar. Su signo opuesto es el aéreo Géminis.

Capricornio

La cabra

★

22 DICIEMBRE – 20 ENERO

Capricornio, cuyo regente es Saturno, es un signo de tierra cardinal asociado al esfuerzo y representado por la cabra, de pisada firme pero a veces también juguetona. Es fiel y no rehúye el compromiso, aunque puede ser muy independiente. Tiene la disciplina necesaria para una vida laboral como autónomo y su signo opuesto es el acuático Cáncer.

Piscis

Los peces

✳

20 FEBRERO – 20 MARZO

Piscis tiene una gran capacidad para adaptarse a su entorno y es un signo de agua mutable representado por dos peces que nadan en direcciones opuestas. A veces confunde la fantasía con la realidad y, regido por Neptuno, su mundo es un lugar fluido, imaginativo y empático, en el que acostumbra a ser sensible a los estados de ánimo de los demás. Su signo opuesto es el terrestre Virgo.

Acuario

El aguador

✳

21 ENERO – 19 FEBRERO

A pesar de que estar simbolizado por un aguador, Acuario es un signo de aire fijo regido por el impredecible Urano, que arrasa con las ideas viejas y las sustituye por un pensamiento innovador. Tolerante, de mente abierta y humano, se caracteriza por la visión social y la conciencia moral. Su signo opuesto es el ardiente Leo.

Conoce a

Escorpio

El signo que el Sol estaba recorriendo en el momento en el que naciste es el punto de partida clave a la hora de usar el Zodíaco para explorar tu carácter y tu personalidad.

Signo de agua fijo simbolizado por el escorpión.

Plutón, el dios del inframundo de la antigua Grecia, rige a Escorpio y explica la potente conexión que hay entre Escorpio y el ciclo de la vida.

SIGNO OPUESTO

Tauro

LEMA PERSONAL

«Yo deseo.»

Color

Rojo oscuro, carmesí y burdeos. Son colores que conectan con la energía apasionada que Escorpio necesita expresar, aunque a veces la oculte. Llévalos sobre todo cuando necesites un empujoncito psicológico o infundirte de valor. Si no quieres parecer ostentoso con colores tan atrevidos, opta por accesorios rojos (zapatos, guantes, calcetines, sombrero o incluso ropa interior).

II.

Día

El martes, el día que lleva el nombre del dios de la guerra.
Aunque Escorpio esté regido por Plutón, también conecta
con la fuerza del planeta Marte. Por eso, el martes es su día.

Piedra preciosa

El topacio puede ser de distintos colores. Vibra con una potente energía espiritual y se cree que tiene cualidades sanadoras y regeneradoras. También conecta con los rasgos de Escorpio alineados con su vida interior, potente y, a veces, también hermética.

IV.

Ubicaciones

Corea y su hermetismo, Marruecos y su sabiduría
antigua y Noruega y su hechizante belleza son lugares
ideales para Escorpio. Otros son Finlandia, el Transvaal
surafricano y Baviera. Algunas de las ciudades
astrológicamente beneficiosas para Escorpio son
Nueva Orleans, Dubrovnik y Washington, D.C.

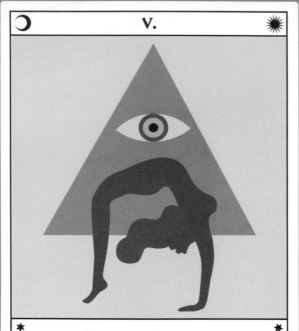

V.

Vacaciones

Escorpio recarga las pilas explorando el inframundo,
ya se trate del mundo físico, por ejemplo buceando
en las islas Seychelles, o en un tanque de flotación
en un lujoso balneario escandinavo. Explorar los
misterios arqueológicos del antiguo Egipto o perderse
en un retiro de meditación budista en Goa también
puede resultar muy atractivo para la faceta más
mística de Escorpio.

VI.

Flores

La flor de Escorpio es el crisantemo, que florece en otoño y acostumbra a relacionarse con la regeneración y el potente renacimiento de la primavera que sigue al otoño y al invierno. Por otro lado, sus flores, de colores intensos o de un dorado centelleante, son muy longevas.

Árboles

El árbol de Escorpio es el endrino, cuyas espinas se asemejan al aguijón del escorpión. Pertenece a la familia de las rosas y sus bellas flores de color crema producen pequeñas endrinas de color morado, como ciruelas diminutas, y sabor agridulce que se usan para elaborar pacharán.

VIII.

Mascotas

La intensa lealtad de los perros atrae a Escorpio, que preferirá los canes que se muestren posesivos con sus dueños y que parezcan ser capaces de leerle la mente y saber cuándo deben pedir ejercicio y cuándo han de descansar tranquilamente a sus pies.

IX.

Fiestas

Un destino secreto, una decoración misteriosa, una discoteca oscura y sensual en un sótano... todos coinciden con la idea que tiene Escorpio de una buena fiesta. Es posible que las máscaras para ocultar la identidad y hacer realidad las fantasías también sean un elemento habitual. Escorpio acostumbra a optar por cócteles de sabor intenso o sorprendente, como un asertivo Negroni de mezcal aromatizado con las notas ahumadas del agave.

Las características de Escorpio

El dicho inglés «still waters run deep» (aguas tranquilas son profundas) nos da una primera pista acerca de muchos Escorpio, porque las apariencias engañan con este signo de agua. Su superficie aparentemente serena acostumbra a ocultar mucho, lo que explica que parezca tan hermético. Por eso, e incluso cuando expresa sus emociones, siempre parece haber una fuente de profunda serenidad interior que conecta con la profundidad emocional que alimenta su estabilidad. Se suele considerar a Escorpio como uno de los signos más potentes (y en ocasiones también más complicados) del Zodíaco: es un magnífico jugador de póker, cuya superficie oculta una intensa actividad interior que no siempre es evidente para quienes están cerca de él. Necesita soledad para procesar tanta actividad interior y esa necesidad de apartarse de los demás de vez en cuando puede contribuir a cimentar su reputación de malhumorado. Lo que sucede en su cabeza puede ser tan real como cualquier otra cosa, pero a veces le cuesta compartirlo y, ante eso, responde aumentando la intensidad.

De todos modos, toda esa actividad mental ha de encontrar una salida y el Escorpio inteligente aprenderá a aprovecharla para inspirar su creatividad personal.

No se puede estar mucho tiempo junto a Escorpio sin que alguien (¡probablemente él mismo!) recuerde que este signo rige los genitales, que unen la fuerza de la atracción sexual a la fuerza vital y a la regeneración que surgen de la procreación. La fuerza vital de Escorpio opera a nivel físico, pero también a nivel mental, porque con frecuencia, para él o ella, el sexo tiene tanto que ver con la comunicación y la curación como con el placer sensual. El célebre magnetismo (sexual o de otras clases) de Escorpio nace de su naturaleza extraordinariamente intuitiva y de su capacidad para captar el estado de ánimo de los demás, que debe agradecer a lo acostumbrado que está a lidiar con la intensidad de sus propias emociones.

El idealismo de Escorpio es otra faceta de este signo que no siempre resulta fácil de entender. Cree en lo mejor y puede mantener una actitud muy positiva en relación con la vida, actitud que también se origina en la sensación de regeneración y en la convicción de que todo puede mejorar o renovarse, por imposible que pueda parecer a los demás. Y este idealismo despierta en ellos una fe de una intensidad difícil de igualar por los demás. Por eso, Escorpio puede ser, a veces inesperadamente, uno de los signos más amables, leales e incluso dulces del zodiaco. Por mucho que disfrute de las relaciones sexuales, las amistades son igualmente importantes, y con frecuencia igualmente intensas para él.

ABLANDAR EL AGUA

Las características clave de cualquier signo solar se pueden ver equilibradas (y en ocasiones reforzadas) por las características de otros signos en la misma carta astral, sobre todo los que corresponden al ascendente y a la Luna. Eso explica que pueda haber personas que aparentemente no acaban de encajar en su signo solar. Sin embargo, los rasgos Escorpio básicos siempre estarán ahí como una influencia clave e informando el modo de entender la vida de la persona.

La parte física de Escorpio

Escorpio desprende una energía física tan intensa que acostumbra a hacerse evidente en cuanto se mueve, siempre con decisión y propósito. Su cuerpo sugiere fuerza, incluso si es delgado, y tiende a ser de constitución ligera, no corpulenta. Sin embargo, a diferencia de Cáncer, el otro crustáceo de alma acuática y que acostumbra a preferir los desplazamientos laterales, Escorpio tiende a elegir la ruta más directa y rápida, la que le permita llegar antes del punto A al punto B. Incluso cuando está quieto, y Escorpio puede estar intensamente quieto, absorbe el mundo que lo rodea con una mirada atenta a todo lo que sucede. A Escorpio no se le escapan muchas cosas.

Salud

Inevitablemente, dado que Escorpio rige los genitales y los órganos reproductivos, estos pueden ser sus puntos débiles. Sin embargo, su fuerza vital y su energía en general se pueden ver afectadas de otras maneras, porque Escorpio tiende a sobrepasarse, a esforzarse en exceso y a superar los límites, hasta acabar cayendo agotado antes de regenerarse y volver a llenar el depósito de energía. Con el tiempo, aprenden a no excederse de ese modo. La tendencia de Escorpio al sobresfuerzo puede afectar a su salud mental, ya que el agotamiento puede acabar haciéndole mella. Escorpio aborda la vida con tal intensidad que puede acabar quemado, por lo que es importante que aprenda a respetar el deseo ocasional de soledad para recargar las pilas.

Ejercicio físico

Los deportes de agua atraen a Escorpio, para quien la natación puede ser una manera de meditar y de regenerar la mente, además del cuerpo. Es importante que Escorpio haga algún tipo de ejercicio que equilibre el cuerpo y la mente, por lo que el yoga y el tai chi acostumbran a resultarle atractivos. Aunque desarrollar músculo no es una de sus prioridades, necesita trabajar la resistencia, para conservar y alimentar su energía.

Cómo se comunica Escorpio

Escorpio no es amigo de la conversación intrascendente: hablar del tiempo lo aburre, prefiere pasar directamente al «¿Cómo estás?» y espera que los demás hagan lo mismo con él. Esto puede llevarlo a mantener conversaciones intensas y a resultar provocador, en un esfuerzo por suscitar diálogos interesantes. Sin embargo, también se sabe guardar ases en la manga y es experto en lograr que el otro se desnude sin darse cuenta. De todos modos, y a diferencia de otros signos, el interés de Escorpio por las ideas del otro es genuino y escuchará de verdad, con frecuencia para pensar acerca de ello y poder ofrecer un comentario relevante (y a veces inesperado). Escorpio puede ofrecer opiniones sorprendentes acerca de lo que se le confía y muy pocas veces responde banalidades, por lo que las conversaciones pueden ser fascinantes y prolongarse hasta altas horas de la noche, en un intento de encontrar respuestas profundas a preguntas importantes.

La carrera profesional de Escorpio

Haga lo que haga, Escorpio acostumbra a preferir profesiones a las que se pueda dedicar en mente, cuerpo y alma, porque, para él, todo está relacionado. Aunque el poder le fascina, Escorpio suele ser de los que opera «en la sombra»: prefiere ser asesor o analista político que primer ministro y no le importa que sea así siempre que no se aburra. Dada su inclinación hacia todo lo mental, la psicología y sus derivados acostumbran a atraer a Escorpio y, en ocasiones, lo llevan a carreras que estudian el psicoanálisis, que lo conectan con el inconsciente más profundo. Puede aplicar ese enfoque psicológico a otros ámbitos como, por ejemplo, la terapia sexual.

Sin embargo, todo lo que sea profundizar en cualquier tema y descubrir cosas interesará a Escorpio, por lo que el trabajo de investigación (científica o detectivesca) también lo atraerá mucho, al igual que el periodismo, que consiste en formular preguntas para llegar al fondo de la cuestión. Su visión pragmática acerca de la vida y la muerte también puede llevarlo a interesarse por la medicina, quizás especializado en obstetricia o tratamientos de fertilidad, o por otros tipos de profesiones relacionadas con la salud, como las terapias alternativas.

La compatibilidad de Escorpio

Ya hablemos de amor o de amistad, ¿cómo se lleva Escorpio con los otros signos? Conocer a otros signos y cómo interactúan entre ellos puede resultar útil a la hora de gestionar relaciones, porque entenderemos qué características de los signos solares armonizan o chocan entre sí. La estructura astrológica nos ayuda a tomar conciencia de ello, lo que puede resultar muy útil porque despersonaliza las posibles fricciones y suaviza lo que parece ser opuesto.

Escorpio es profunda e intensamente emocional, algo que no siempre resulta fácil de sobrellevar, ni para él mismo ni para sus parejas o amantes. Necesita sentirse necesitado y responde bien cuando hay mucho toma y daca. Sin embargo, es imposible vivir a plena potencia emocional todo el tiempo y, a medida que Escorpio madura en sus relaciones personales, aprende a darse cuenta de ello y a confiar en quienes funcionan a menor intensidad.

La mujer Escorpio

La mujer Escorpio es emocional y exigente, por lo que resulta fácil olvidarse de lo leal y afectuosa que puede llegar a ser también. Por otro lado, es posesiva y poco dada a perdonar y olvidar. No es una mujer que busque relaciones breves, así que es poco probable que pierda el tiempo con aventuras pasajeras. Su mirada puede ser magnética y sus ojos, penetrantes.

MUJERES ESCORPIO DESTACADAS

¿Recuerdas a Julia Roberts en *Pretty Woman*? Es la personificación de la mujer Escorpio. Son Escorpio también la política estadounidense Hillary Clinton, célebre por haber permanecido junto a su marido, Bill, y la poeta Sylvia Plath, cuya intensidad dio lugar a su obra imperecedera (y al matrimonio con el también poeta Ted Hughes). Kendall Jenner, Inés Sastre, Katy Perry y Aitana Sánchez Gijón son también cautivadoras mujeres Escorpio.

El hombre Escorpio

Sensual, pero con frecuencia también poco seguro de sí mismo, el hombre Escorpio no siempre es un compañero fácil. Tiende a dominar la estancia incluso si está callado y es curioso por naturaleza. Dedica toda su atención al objeto de sus deseos y espera ser tratado del mismo modo. La ternura de su corazón lo hace vulnerable y, cuando se trata de amor, es cuestión de todo o nada. Detesta la ambigüedad: si no vas en serio, no lo líes.

¿Quién quie

e a quién?

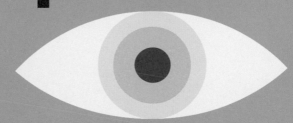

Escorpio y Aries

Entre estos dos hay alta tensión sexual y, aunque son muchas las cosas que pueden hacer que esta atracción perdure, la naturaleza tan emocional y reservada de Escorpio puede exasperar a Aries, más abierto y de espíritu libre, que, a su vez, le puede parecer algo superficial al profundo signo de agua.

Escorpio y Tauro

Ambos signos comparten la tozudez y los celos, lo que podría suponer un problema. Y es una lástima, porque Escorpio disfruta del deseo y la potencia sexual del terrenal Tauro que, por su parte, disfruta de la conexión emocional más profunda que le ofrece Escorpio.

Escorpio y Géminis

El carácter en ocasiones frívolo de Géminis puede chocar con la necesidad de compromiso total de Escorpio y este ataque a su seguridad emocional puede superar a la atracción que Escorpio pueda haber sentido inicialmente por la mariposilla social.

Escorpio
y Cáncer

La necesidad de afecto y de
devoción de Escorpio encaja bien
con la necesidad de seguridad
de Cáncer y, aunque el cangrejo
puede ser algo pasivo, responde
bien al carácter posesivo y al
ardor apasionado de Escorpio,
por lo que esta es una buena
combinación.

Escorpio y Leo

Aunque la atracción física entre
estos dos signos es muy fuerte, la
extravagancia y la necesidad de
gestos románticos de Leo entran
en conflicto con la necesidad de
Escorpio de una conexión erótica
más profunda, lo que puede dar
lugar a dificultades complicadas
de superar para estos dos signos
de carácter tan fuerte.

Escorpio y Virgo

Las emociones profundas y la tendencia
natural al compromiso de estos dos
signos crean un vínculo sobre el que se
puede construir una buena relación,
siempre que Virgo no intente restringir
los aspectos más intelectuales o
sensuales de la personalidad de
Escorpio.

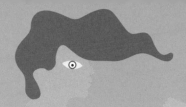

Escorpio
y Escorpio

A no ser que reconozcan desde el principio que las dificultades que experimentan se deben a lo mucho que se parecen, esta pareja acabará matando la relación a base de mal humor, secretos y posesividad, a pesar de su compatibilidad sexual.

Escorpio
y Libra

Esta combinación puede ser complicada, porque aunque a Libra le interesa la intensidad intelectual y sexual de Escorpio, no acaba de ser capaz de satisfacer la necesidad de compromiso del escorpión, que le parece demasiado celoso y exigente.

Escorpio
y Sagitario

Aunque la actitud desenfadada y divertida de Sagitario atrae mucho a Escorpio al principio, puede acabar irritándole si ve insatisfecha su necesidad de seguridad debido a la búsqueda constante de viajes y nuevas aventuras de cuerpo y mente por parte del arquero.

Escorpio
y Acuario

Las necesidades profundas y
emocionales de Escorpio entran en
conflicto con la actitud abierta con
que Acuario aborda la vida (y el
sexo). Escorpio no acaba de entender
esa cualidad intelectual tan aérea,
que hace que se sienta demasiado
inseguro como para tolerar nada más
allá de una aventura breve.

Escorpio
y Piscis

La faceta silenciosa y fuerte de
Escorpio se equilibra bien con la
actitud relativamente indecisa ante
la vida de Piscis. Por otro lado, su
atracción sexual es muy imaginativa
y romántica y la tendencia de ambos
a experimentar las emociones con
profundidad ayuda a que los dos se
sientan seguros.

Escorpio
y Capricornio

Ambos signos se toman muy
en serio lo de estar en el mismo
equipo emocional y tienen
prácticamente la misma
necesidad de seguridad. Además,
la intensidad apasionada de
Escorpio equilibra la actitud más
taciturna de Capricornio hacia el
sexo, por lo que se trata de una
combinación muy compatible.

La escala del amor de Escorpio

Menos compatible

Escorpio　Acuario　Libra　Geminis　Aries　Leo

Más compatible

Sagitario Tauro Virgo Cáncer Capricornio Piscis

II.

Escorpio

en profundidad

En esta sección,
profundizaremos en cómo
puede estar impulsándote o
reteniéndote tu signo solar y
empezaremos a pensar en cómo
puedes usar ese conocimiento
para informar tu camino.

El hogar de Escorpio

Escorpio necesita refugiarse en la domesticidad de vez en cuando y es posible que su hogar lo refleje, con interiores de colores oscuros que recuerdan al útero, como el carmesí, el terracota o el rosa oscuro; tejidos como el terciopelo, y una sensación general de reclusión intensa en la que puede recargar las pilas. Es muy posible que, sobre todo el dormitorio, sea como un refugio o incluso un espacio de sanación, repleto de objetos de deseo, opulentos y lujosos. La cama será grande, con sábanas bonitas, alfombras persas en el suelo y cuadros interesantes colgados en la pared. El minimalista ascetismo nórdico no es para Escorpio. Y esto puede extenderse al cuarto de baño, que se puede convertir en un lugar para rituales donde este signo de agua puede conectar con su vida interior a la luz de las velas y con aceites esenciales en el agua de baño.

Escorpio es muy celoso de su intimidad, por lo que no ofrece invitaciones sin pensar: su hogar representa su faceta más íntima y es posible que tenga una estancia privada en el sótano, un estudio o un taller. Las fiestas en casa no interesan demasiado a Escorpio y lo más probable es que solo invite a su casa a unos pocos escogidos, quizás incluso de uno en uno, para poder disfrutar de conversaciones profundas.

TRES CONSEJOS PARA CUIDARSE

* Es importante disponer de tiempo para relajarse, recargar las pilas y regenerarse, así que asegúrate de incluirlo en tu agenda.

* Las terapias manuales que despiertan los sentidos también pueden facilitar la reconexión del cuerpo y la mente.

* Pon límites. De tanto absorber la energía de los demás, Escorpio puede agotar la propia.

Cuidados personales

Como le bulle la cabeza, en ocasiones Escorpio debe acordarse de volver a conectar con el cuerpo y la mente. La elevada intensidad mental de este signo puede llevarlo a olvidarse del cuerpo, en un proceso que puede ser autodestructivo y causar estrés, ansiedad y depresión. Sin embargo, su intensidad suele venir acompañada de la tendencia a obsesionarse ligeramente y a sobrepasarse con cualquier régimen de cuidados personales: Escorpio, recuerda que se supone que cuidarse promueve el bienestar y alivia el estrés, no lo aumenta. Equilibrar distintas actividades puede ayudar: una excursión moderada un día, una clase de *spinning* el siguiente... A Escorpio no le gusta usar el ejercicio como medio para relacionarse, por lo que los deportes de equipo le pueden costar, aunque es posible que un partido de tenis sí que le resulte atractivo.

Comer con regularidad alimentos integrales y fruta y verdura fresca, en lugar de ir picando, ayudará a Escorpio a mantener equilibrado el nivel de azúcar en sangre (¡y en mente!) y a estabilizar la energía nerviosa. Las terapias manuales, como los masajes sensuales, acostumbran a irle bien, porque promueven la relajación profunda que resulta tan escurridiza para Escorpio. Escorpio también puede tener problemas de sueño y encontrarse con que la cabeza no para de darle vueltas aunque sean las tres de la madrugada. De ser así, tiene que tomar medidas.

TRES IMPRESCINDIBLES EN LA DESPENSA DE ESCORPIO

* Le irá bien tener siempre disponibles algunos alimentos básicos, como pasta, tomate en conserva, etc.

* Sopa de miso para un tentempié tan rápido como sabroso.

* Salsa de rábano picante para darle un toque especial a sencillos platos de ternera o de salmón.

Escorpio: la comida y la cocina

Para Escorpio, comer a diario es más una cuestión de supervivencia y de recuperar energía que un placer gourmet. No tiene paciencia para sudar por el simple placer culinario, lo que puede hacer de él un cocinero bastante rutinario con un frigorífico pobre, excepto cuando quiere seducir a alguien. Entonces es capaz de usar sus habilidades para convertir un vulgar pollo asado en un delicioso pollo a la provenzal. Aunque en esa situación, la comida, cocinar y comer giran en torno a las cualidades sensuales y a los sabores intensos, Escorpio no es el signo más habitual de un cocinero. De hecho, incluso cuando está en plena misión de conquista, es posible que opte por platos sencillos y compre los higos más dulces, el camembert más aromático, el jamón serrano de mejor calidad y el entrecot más suculento y recurra a ingredientes de la mejor calidad, más que a su habilidad o técnica personal en los fogones, para fomentar su reputación en la cocina.

TRES CONSEJOS SOBRE EL DINERO

★ Ser ahorrador no debería ser impedimento para pasarlo bien: ahorra para eso, también.

★ Sí, hay paraísos fiscales, pero asegúrate de que tus ahorros sean legales.

★ Fíate de tu instinto, porque la intuición de Escorpio puede ser muy rentable.

Cómo gestiona el dinero Escorpio

Escorpio gestiona el dinero con bastante habilidad e incluso puede tener dinero guardado en una cuenta secreta para protegerse en momentos complicados. El dinero es importante para Escorpio y representa más la valía y el respeto personal que lo que se pueda comprar con él, además de proporcionar los recursos necesarios para transformar situaciones. Y Escorpio es el signo de la transformación. Como Escorpio acostumbra a percibir el trasfondo de las situaciones y a entender las influencias que pueden afectar a los mercados, no suele hacer inversiones arriesgadas.

En el día a día, la actitud competitiva de Escorpio lo hace astuto en el trabajo y acostumbra a apuntar a salarios altos y a bonificaciones cuantiosas. También suele tener suerte con las herencias, legados y propiedades resultantes de la muerte de alguien. Escorpio tiende al ahorro de manera natural, aunque no es avaro y no le importa derrochar ocasionalmente en algo que haya planificado, ya se trate de unas vacaciones extraordinarias o de un Rolex, aunque lo cierto es que el lujo por el lujo no le atrae especialmente.

Escorpio y su jefe

Escorpio tiene tanta facilidad para guardar secretos que, con frecuencia, se convierte en el confidente de sus compañeros de trabajo e incluso del jefe. La gente le cuenta cosas y, como es tan discreto, nunca lo consideran un cotilla. Es un activo muy valioso siempre que no lo aproveche en beneficio propio. De todos modos, se puede confiar en que el Escorpio inteligente actúe con criterio, y su jefe sabrá valorarlo. Lo único que quizá pueda resultar amenazante es la posibilidad de que Escorpio quiera hacerse con el trabajo de su jefe. Y sí, es posible, pero solo si le resulta beneficioso estratégicamente, porque muchos Escorpio prefieren ejercer su poder desde detrás del trono a sentarse en él y tener que rendir cuentas.

Es muy leal y, por lo tanto, alguien en quien su jefe puede confiar siempre que pueda mantenerlo interesado. Si Escorpio quiere obtener lo que desea de su trabajo, ha de gestionar las expectativas de su jefe, pero también ha de hacerle saber qué necesita él para poder rendir. Y como la transformación es una de las habilidades de Escorpio, aplicarla para transformar el esfuerzo en un activo material que mejore la cuenta de resultados de la empresa puede garantizar el reconocimiento necesario para ascender en el escalafón.

TRES CONSEJOS PARA TRATAR AL JEFE

* No cotillees nunca, para que el jefe sepa que puede confiar en Escorpio.

* Sé el poder en la sombra, pero no te aproveches.

* Acuérdate de que el aguijón de Escorpio es un último recurso, no una primera estrategia.

TRES CONSEJOS PARA UNA VIDA MÁS FÁCIL

★ No asumas que todos pueden adivinar tu estado de ánimo. ¡Comunícate!

★ Si quieres pasarlo bien, canaliza energía hacia tu faceta amable, leal y alegre.

★ Acuérdate de que no hace falta que todo sea perfecto: no sufras por lo que no es importante.

Vivir con Escorpio

Escorpio suele pasar por alto las manías de sus compañeros de piso o sus parejas, porque las aborda con curiosidad y está dispuesto a tener en cuenta qué puede motivar la conducta de los demás. Es de mente abierta y vivir con él puede ser fácil, a no ser que el otro se aproveche de ello. En ese caso, el aguijonazo puede ser letal.

También es cierto que el umbral de tolerancia de Escorpio ante las tonterías es muy bajo y tiende a seguir su propio criterio y a alejarse de las situaciones que no le gustan. Aunque eso pueda alimentar su reputación de signo malhumorado, si no quiere prolongar una discusión o intervenir en una situación social, no lo hará. No es cuestión de mal humor, sino de que necesita recuperar su energía interior, que puede agotarse si se le exige demasiado. Pasar un tiempo a solas y en silencio es una de las maneras en que Escorpio recarga las pilas, por lo que no hay que tomárselo como algo personal.

Quien convive con Escorpio puede quedar desconcertado por la complejidad de tener que responder, por un lado, a una exigencia de comunicación intensa y, por el otro, a la necesidad de intimidad de Escorpio. Por su parte, Escorpio ha de recordar que, como el otro no puede leerle el pensamiento, puede malinterpretar lo que le sucede.

Escorpio y las rupturas

El inconveniente de la necesidad de conectar profundamente con el otro y de la tendencia a ser posesivo de Escorpio es que las rupturas le pueden resultar muy difíciles. La confianza siempre es de vital importancia para Escorpio y, aunque no lo parezca, antes de depositarla en nadie habrá hecho un gran trabajo previo; por eso lo pasa tan mal cuando esa confianza es traicionada. Además, Escorpio es un signo fijo, lo que significa que le cuesta adaptarse a los cambios y que, en ocasiones, espera a que la relación haya muerto del todo para poder pasar página. Con frecuencia, intenta resucitarla repetidamente, con lo que solo consigue prolongar la agonía.

TRES CONSEJOS PARA UNA RUPTURA MÁS FÁCIL

* Si está claro que la relación ha terminado, pasa página.

* Aunque es posible transformar una relación de pareja en otra de amistad, recuerda que hace falta tiempo.

* Rodéate de distracciones hasta que te encuentres mejor.

Cómo quiere Escorpio que le quieran

Escorpio quiere que lo amen completa, apasionada, emocional y físicamente. ¡Poca cosa! Si parece una tarea monumental, es porque Escorpio tiende a ser el signo más intenso del Zodíaco y está dispuesto a invertirlo todo en una relación que espera que lo apoye en todos los sentidos. Aunque el aspecto físico del amor es importante para Escorpio (recordemos que rige los genitales), no es lo único que le interesa. La faceta emocional también es clave y, a veces, es incluso más importante que la física; para él, es un aspecto de su compromiso con el otro y espera que se le devuelva en la misma medida.

Como Escorpio es tan reservado, nada de esto es necesariamente evidente. Su regente es Plutón, el dios del inframundo, y a veces le cuesta explicar cómo quiere ser amado, por lo que se puede sentir muy vulnerable y, en ocasiones, se pone a la defensiva sin necesidad.

Es muy posible que el objeto del deseo de Escorpio no tenga ni la menor idea de lo que el escorpión siente por él hasta que se decide a declararse. Y, una vez lo ha hecho, le gustaría que la reciprocidad fuera inmediata, para poder empezar a construir confianza. Sin embargo, eso puede ser complicado, porque otros signos, especialmente los que se muestran más cautos en cuestiones de amor, pueden necesitar algo más de tiempo para sentirse tan enamorados como Escorpio. Es importante que Escorpio tenga esto en cuenta, porque puede entender que lo han rechazado cuando en absoluto ha sido así y lo único que sucede es que su pareja no le ha demostrado inmediatamente su deseo de compromiso.

Amar a Escorpio puede ser intensamente satisfactorio, aunque a veces cueste entender su necesidad de reafirmación constante. Como todo ha de ser tan profundo y significativo, plantea preguntas sin cesar. Y, aunque es posible que la respuesta siempre sea la misma («Sí, te quiero»), eso no impedirá que Escorpio siga preguntando. Necesita un tiempo para confiar en el otro y puede dar la impresión de que cuestiona constantemente el compromiso de su pareja. De hecho, es posible que sea así. Por suerte, una vez Escorpio se siente querido y seguro de la devoción, afecto y lealtad de su pareja, se relaja.

Escorpio usa el amor físico para transmitir lo que en ocasiones le cuesta expresar verbalmente y, con frecuencia, espera una reciprocidad plena. Para él, el amor se transforma así y amar a Escorpio significará compartir una vida sexual regular, exploratoria y expresiva, en la que el cuerpo sirve para establecer una conexión cuasi psíquica.

TRES CONSEJOS PARA AMAR A ESCORPIO

* Demuestra tu amor con hechos, no solo con palabras, porque Escorpio pocas veces lo dará por supuesto.

* Muéstrate dispuesto a compartir todas tus emociones. Escorpio no espera menos.

* No provoques deliberadamente la faceta posesiva de Escorpio, porque te puede salir el tiro por la culata.

La vida sexual de Escorpio

Hay una verdadera cueva secreta que explorar junto a Escorpio, aunque es importante recordar que, para él, el sexo es mucho más que la faceta física del amor. Al menos en la mayoría de ocasiones. Escorpio suele conceder una intensa cualidad espiritual al sexo y a su poder transformador para cambiar o consolidar una relación, por lo que las aventuras de una noche no le suelen interesar demasiado. Acostumbra a entender el sexo en el marco de una relación con la que él (si no su pareja) ya se ha comprometido.

Sin embargo, una vez en la cama puede demostrar una intensidad y una pasión difíciles de igualar para el resto de signos, además de una curiosidad juguetona y la disposición a atender y explorar las necesidades de su pareja tanto como las propias, por lo que es un amante fantástico. De todos modos, Escorpio no es un signo que vaya directo al grano y es muy posible que, antes de llegar al sexo, haya que bailar una misteriosa danza previa. De hecho, y debido a su faceta más reservada, es posible que, al menos al principio, Escorpio parezca dar más de lo que recibe en la cama, aunque también es una manera de fomentar el compromiso de su pareja. Largas miradas intensas, muchos besos, muchas caricias... a Escorpio le gusta saborear todos y cada uno de los momentos sensuales.

Quiero

III.

saber

más

Tu signo solar nunca te ofrece la imagen completa. En este apartado, aprenderás a leer los matices de tu carta astral y accederás a otro nivel de conocimientos astrológicos.

Tu carta astral

Tu carta astral es una instantánea de un momento concreto, en un lugar concreto, en el preciso momento de tu nacimiento y, por lo tanto, es absolutamente individual. Es como un plano, un mapa o un certificado de existencia que plantea rasgos e influencias que son posibles, pero que no están escritos en piedra. Es una herramienta simbólica a la que puedes recurrir y que se basa en las posiciones de los planetas en el momento de tu nacimiento. Si no tienes acceso a un astrólogo, ahora cualquiera puede obtener su carta astral en línea en cuestión de minutos (en la p. 108 encontrarás una lista de sitios y de aplicaciones para ello). Incluso si desconoces la hora exacta de tu nacimiento, saber la fecha y el lugar de nacimiento basta para confeccionar las bases de una plantilla útil.

Recuerda que en astrología nada es intrínsecamente bueno ni malo y que no hay tiempos ni predicciones explícitas: se trata más de una cuestión de influencias y de cómo estas pueden afectarnos, ya sea positiva o negativamente. Y si disponemos de cierta información y de herramientas con las que abordar, ver o interpretar nuestras circunstancias y nuestro entorno, tenemos algo con lo que empezar.

Vale la pena que, cuando leas tu carta astral, entiendas todas las herramientas que la astrología pone a tu alcance; no solo los signos astrológicos y lo que cada uno de ellos representa, sino también los 10 planetas que menciona la astrología y sus características individuales, además de las 12 casas y lo que significan. Por separado, estas herramientas ofrecen un interés pasajero, pero cuando empieces a ver cómo encajan las unas con las otras y se yuxtaponen, la imagen global te resultará más accesible y empezarás a desentrañar información que te puede resultar muy útil.

Hablando en términos generales, cada uno de los planetas sugiere un tipo distinto de energía, los signos zodiacales proponen distintas maneras en que esa energía se puede manifestar y las casas representan áreas de experiencia en las que puede operar dicha manifestación.

Lo siguiente que debemos añadir son las posiciones de los signos en cuatro puntos clave: el ascendente y su opuesto, el descendente; y el medio cielo y su opuesto, el fondo del cielo, por no mencionar los distintos aspectos que generan las congregaciones de signos y planetas.

Ahora será posible ver lo sutil que puede llegar a ser la lectura de una carta astral, lo infinita que es su variedad y lo altamente específica que es para cada persona. Con esta información y una comprensión básica del significado simbólico y de las influencias de los signos, los planetas y las casas de tu perfil astrológico único, puedes empezar a usar estas herramientas para que te ayuden a tomar decisiones en distintos aspectos de la vida.

Cómo leer tu carta astral

Si ya tienes tu carta astral, ya sea manuscrita o por un programa en línea, verás un círculo dividido en 12 segmentos, con información agrupada en varios puntos que indican la posición de cada signo zodiacal, en qué segmento aparecen y hasta qué punto. Independientemente de las características relevantes para cada uno, todas las cartas siguen el mismo patrón a la hora de ser interpretadas.

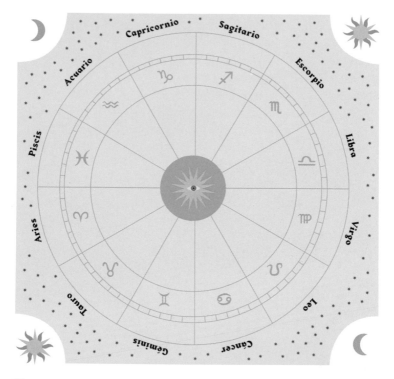

Escorpio

La carta astral se elabora a partir de la hora y el lugar de nacimiento y de la posición de los planetas en ese momento.

Si piensas en la carta astral como en una esfera de reloj, la primera casa (en las pp. 95-99 hablo de las casas astrológicas) empieza en el 9 y se sigue a partir de ahí en sentido antihorario, desde la primera casa hasta la duodécima, pasando por los 12 segmentos de la carta.

El punto inicial, el 9, es también el punto por el que el Sol sale en tu vida y te da el ascendente. Enfrente, en el 3 de la esfera del reloj, encontrarás el signo descendente. El medio cielo (MC) está en el 12 y su opuesto, el fondo del cielo (IC) está en el 6 (más información en las pp. 101-102).

Entender la importancia de las características de los signos zodiacales y de los planetas, de sus energías concretas, de sus ubicaciones y de sus relaciones entre ellos puede ayudarnos a entendernos mejor, tanto a nosotros mismos como a los demás. En nuestra vida cotidiana, la configuración cambiante de los planetas y de sus efectos también se entiende mucho mejor con un conocimiento básico de astrología y lo mismo sucede con las pautas recurrentes que unas veces refuerzan y otras entorpecen oportunidades y posibilidades. Si trabajamos con estas tendencias, en lugar de contra ellas, podemos hacer que nuestra vida sea más fácil y, en última instancia, más exitosa.

El efecto de la Luna

Si tu signo solar representa la conciencia, la fuerza vital y la voluntad individual, la Luna representa la faceta de tu personalidad que tiendes a mantener más oculta, o en secreto. Estamos en el territorio del instinto, de la creatividad y del inconsciente que, en ocasiones, nos llevan a lugares que nos cuesta entender. Esto es lo que otorga tanta sutileza y tantos matices a la personalidad, mucho más allá del signo solar. Es posible que tengas el Sol en Escorpio y todo lo que eso significa, pero eso puede verse contrarrestado por una Luna terrenal y pragmática en Tauro; o quizás tengas el Sol en el efusivo Leo, pero también la Luna en Acuario, con la rebeldía y el desapego emocional que eso supone.

Las fases de la Luna

La Luna orbita alrededor de la Tierra y tarda unos 28 días en dar una vuelta completa. Como vemos más o menos Luna en función de cuánta luz del Sol refleje, nos da la impresión de que crece y decrece. Cuando la Luna es nueva para nosotros, la vemos como un mero filamento. A medida que crece, refleja más luz y pasa de luna creciente a cuarto creciente y de ahí a luna gibosa creciente y a luna llena. Entonces, empieza a decrecer y pasa a gibosa menguante, luego a cuarto menguante, y vuelta a empezar. Todo esto sucede en el transcurso de cuatro semanas. Cuando tenemos dos Lunas llenas en un mes del calendario gregoriano, llamamos Luna azul a la segunda.

Cada mes, la Luna también recorre un signo astrológico, como sabemos por nuestras cartas astrales. Esto nos ofrece más información (una Luna en Escorpio puede ejercer un efecto muy distinto que una Luna en Capricornio) y, en función de nuestra carta astral, ejercerá una influencia distinta cada mes. Por ejemplo, si la Luna en tu carta astral está en Virgo, cuando la Luna astronómica entre en Virgo ejercerá una influencia adicional. Para más información, consulta las características de los signos (pp. 12-17).

El ciclo de la Luna tiene un efecto energético que podemos ver con claridad en las mareas oceánicas. Astrológicamente, como la Luna es un símbolo de fertilidad y, además, sintoniza con nuestra faceta psicológica más profunda, podemos usarla para centrarnos con mayor profundidad y creatividad en los aspectos de la vida que sean más importantes para nosotros.

Los eclipses

Hablando en términos generales, un eclipse ocurre cuando la luz de un cuerpo celeste queda tapada por otro. En términos astrológicos, esto dependerá de dónde estén el Sol y la Luna en relación con otros planetas en el momento del eclipse. Por lo tanto, si un eclipse solar está en la constelación de Géminis, ejercerá una influencia mayor sobre el Géminis zodiacal.

Que un área de nuestras vidas quede iluminada u oculta nos invita a que le prestemos atención. Los eclipses acostumbran a tener que ver con los principios y los finales y, por eso, nuestros antepasados los consideraban acontecimientos portentosos, señales importantes a las que había que hacer caso. Podemos saber con antelación cuándo ha de ocurrir un eclipse y están cartografiados astronómicamente; por lo tanto, podemos evaluar con antelación su significado astrológico y actuar en consecuencia.

Los 10 planetas

En términos astrológicos (no astronómicos, porque el Sol es en realidad una estrella), hablamos de 10 planetas y cada signo astrológico tiene un planeta regente. Mercurio, Venus y Marte rigen dos signos cada uno. Las características de cada planeta describen las influencias que pueden afectar a cada signo y toda esa información contribuye a la interpretación de la carta astral.

La Luna

Este signo es el principio opuesto del Sol, con el que forma una díada, y simboliza lo femenino, la contención y la receptividad, la conducta más instintiva y emotiva.

Rige el signo de Cáncer.

El Sol

El Sol representa lo masculino y simboliza la energía que da vida, lo que sugiere una energía paterna en la carta astral. También simboliza nuestra identidad, o ser esencial, y nuestro propósito vital.

Rige el signo de Leo.

Mercurio

Mercurio es el planeta de la comunicación y simboliza la necesidad de dar sentido, entender y comunicar nuestros pensamientos mediante palabras.

Rige los signos de Géminis y Virgo.

Venus

El planeta del amor tiene que ver con
la atracción, la conexión y el placer,
y en la carta de una mujer simboliza
su estilo de feminidad, mientras que
en la de un hombre representa a su
pareja ideal.

Rige los signos de Tauro y Libra.

Marte

Este planeta simboliza la energía
pura (por algo Marte era el dios de la
guerra), pero también nos dice en qué
áreas podemos ser más asertivos o
agresivos y asumir riesgos.

Rige los signos de Aries y Escorpio.

Saturno

En ocasiones, Saturno recibe el nombre de maestro sabio. Simboliza las lecciones aprendidas y las limitaciones, y nos muestra el valor de la determinación, la tenacidad y la fortaleza emocional.

Rige el signo de Capricornio.

Júpiter

Júpiter es el planeta más grande de nuestro sistema solar y simboliza la abundancia y la benevolencia, todo lo que es expansivo y jovial. Al igual que el signo que rige, también tiene que ver con alejarse de casa en viajes y misiones de exploración.

Rige el signo de Sagitario.

Urano

Este planeta simboliza lo inesperado, ideas nuevas e innovación, además de la necesidad de romper con lo viejo y recibir lo nuevo. Como inconveniente, puede indicar una dificultad para encajar y la sensación derivada de aislamiento.

Rige el signo de Acuario.

Plutón

Alineado con Hades (*Pluto*, en latín),
el dios del inframundo o de la muerte,
este planeta ejerce una fuerza muy
potente que subyace a la superficie y
que, en su forma más negativa, puede
representar una conducta obsesiva y
compulsiva.

Rige el signo de Escorpio.

Neptuno

Asociado al mar, trata de lo que
hay bajo la superficie, bajo el
agua y a tanta profundidad que
no podemos verlo con claridad.
Sensible, intuitivo y artístico, también
simboliza la capacidad de amar
incondicionalmente, de perdonar
y olvidar.

Rige el signo de Piscis.

Los cuatro elementos

Si agrupamos los doce signos astrológicos según los cuatro elementos de tierra, fuego, aire y agua, accedemos a más información que, esta vez, nos remonta a la medicina de la antigua Grecia, cuando se creía que el cuerpo estaba compuesto por cuatro fluidos o «humores» corporales. Estos cuatro humores (sangre, bilis amarilla, bilis negra y flema) se correspondían con los cuatro temperamentos (sanguíneo, colérico, melancólico y flemático), las cuatro estaciones del año (primavera, verano, otoño e invierno) y los cuatro elementos (aire, fuego, tierra y agua).

Si las relacionamos con la astrología, estas cualidades simbólicas iluminan más las características de los distintos signos. Carl Jung también las usó en su psicología y aún decimos de las personas que son terrenales, ardientes, aéreas o escurridizas en su actitud ante la vida, mientas que a veces decimos que alguien «está en su elemento». En astrología, decimos que los signos solares que comparten un mismo elemento son afines, es decir, que se entienden bien.

Al igual que sucede con todos los aspectos de la astrología, siempre hay una cara y una cruz, y conocer la «cara oscura» nos puede ayudar a conocernos mejor y a determinar qué podemos hacer para mejorarla o equilibrarla, sobre todo en nuestras relaciones con los demás.

Aire

GÉMINIS ✳ LIBRA ✳ ACUARIO

Estos signos destacan en el terreno de las ideas. Son perceptivos, visionarios y capaces de ver la imagen general y cuentan con una cualidad muy reflexiva que los ayuda a destensar situaciones. Sin embargo, demasiado aire puede disipar las intenciones, por lo que Géminis puede ser indeciso, Libra tiende a sentarse a mirar desde la barrera y Acuario puede desentenderse de la situación.

Fuego

ARIES ✳ LEO ✳ SAGITARIO

Estos signos despiden calidez y energía y se caracterizan por una actitud positiva, una espontaneidad y un entusiasmo que pueden ser muy inspiradores y motivadores para los demás. La otra cara de la moneda es que Aries tiende a precipitarse, Leo puede necesitar ser el centro de atención y Sagitario puede tender a hablar mucho y actuar poco.

Tierra

TAURO * VIRGO * CAPRICORNIO

Estos signos se caracterizan por disfrutar de los placeres sensuales, como la comida y otras satisfacciones físicas, y les gusta tener los pies en el suelo, por lo que prefieren basar sus ideas en hechos. El inconveniente es que Tauro puede parecer testarudo, Virgo puede ser un tiquismiquis y Capricornio puede tender a un conservadurismo empedernido.

Agua

CÁNCER * ESCORPIO * PISCIS

Los signos de agua son muy sensibles al entorno, como el vaivén de la marea, y pueden ser muy perceptivos e intuitivos, a veces hasta niveles asombrosos, gracias a su sensibilidad. La otra cara de la moneda es que tienden a sentirse abrumados y Cáncer puede tender tanto a la tenacidad como a protegerse a sí mismo, Piscis parecerse a un camaleón en su manera de prestar atención y Escorpio ser impredecible e intenso.

Signos mutables, fijos y cardinales

Además de clasificarlos según los cuatro elementos, también podemos agrupar los signos en función de las tres maneras en las que sus energías pueden actuar o reaccionar. Así, las características específicas de cada signo adquieren más profundidad.

Cardinales

ARIES ✳ CÁNCER ✳ LIBRA ✳ CAPRICORNIO

Son signos de acción, con una energía que toma la iniciativa y hace que las cosas comiencen. Aries tiene la visión; Cáncer, la emoción; Libra, los contactos, y Capricornio, la estrategia.

Fijos

TAURO ✱ LEO ✱ ESCORPIO ✱ ACUARIO

Más lentos, pero también más tenaces, estos signos trabajan para desarrollar y mantener las iniciativas que han lanzado los signos cardinales. Tauro ofrece consuelo físico; Leo, lealtad; Escorpio, apoyo emocional, y Acuario, buenos consejos. Podemos confiar en los signos fijos, aunque tienden a resistirse al cambio.

Mutables

GÉMINIS ✱ VIRGO ✱ SAGITARIO ✱ PISCIS

Son signos capaces de amoldarse a ideas, lugares y personas nuevos, tienen una capacidad única para adaptarse a su entorno. Géminis tiene una gran agilidad mental; Virgo es práctico y versátil; Sagitario visualiza las posibilidades, y Piscis es sensible al cambio.

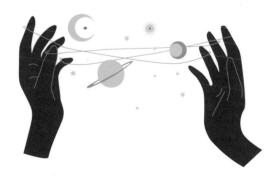

Las 12 casas

La carta astral se divide en 12 casas, que representan otras tantas áreas y funciones en la vida. Cuando nos dicen que tenemos algo en una casa específica, como por ejemplo Libra (equilibrio) en la quinta casa (creatividad y sexo), podemos interpretar de un modo determinado las influencias que pueden surgir y que son específicas a la forma en que podemos abordar ese aspecto de nuestra vida.

Cada casa se asocia a un signo solar y, por lo tanto, cada una representa algunas de las características de ese signo, del que decimos que es su regente natural.

Se considera que tres de estas casas son místicas y tienen que ver con nuestro mundo interior, o psíquico: la cuarta (hogar), la octava (muerte y regeneración) y la duodécima (secretos).

1.ª casa

LA IDENTIDAD

REGIDA POR ARIES

Esta casa simboliza la personalidad: tú, quién eres y cómo te representas, qué te gusta y qué no, y tu manera de entender la vida. También representa cómo te ves y lo que quieres de la vida.

2.ª casa

LOS RECURSOS

REGIDA POR TAURO

La segunda casa simboliza tus recursos personales, lo que posees, incluido el dinero, y cómo te ganas la vida y adquieres tus ingresos. También tu seguridad material y las cosas físicas que llevas contigo a medida que avanzas por la vida.

3.ª casa

LA COMUNICACIÓN

REGIDA POR GÉMINIS

Esta casa habla de la comunicación y de la actitud mental y, sobre todo, de cómo te expresas. También de cómo encajas en tu familia y de cómo te desplazas a la escuela o al trabajo e incluye cómo piensas, hablas, escribes y aprendes.

4.ª casa

EL HOGAR

REGIDA POR CÁNCER

Esta casa habla de tus raíces, de tu hogar u hogares presentes, pasados y futuros, por lo que comprende tanto tu infancia como tu situación doméstica actual. También de lo que el hogar y la seguridad representan para ti.

5.ª casa

LA CREATIVIDAD

REGIDA POR LEO

Descrita como la casa de la creatividad y del juego, también comprende el sexo y se asocia al instinto creativo y a la libido en todas sus manifestaciones. También incluye la especulación en las finanzas y el amor, los juegos, la diversión y el afecto: todo lo referente al corazón.

6.ª casa

LA SALUD

REGIDA POR VIRGO

Esta casa tiene que ver con la salud, la física y la mental, y lo sólidas que son: tanto las nuestras como las de las personas a las que queremos, cuidamos o apoyamos, desde familiares hasta compañeros de trabajo.

7.ª casa

LAS RELACIONES

REGIDA POR LIBRA

Esta casa, opuesta a la primera, refleja los objetivos compartidos y las relaciones íntimas, tu elección de pareja y lo exitosas que pueden ser las relaciones. También refleja las asociaciones y los adversarios en tu mundo profesional.

8.ª casa

LA REGENERACIÓN Y LA MUERTE

REGIDA POR ESCORPIO

Entiende «muerte» como regeneración o transformación espiritual: esta casa también representa los legados y lo que heredas después de la muerte, tanto en rasgos de personalidad como materialmente hablando. Y como la regeneración necesita sexo, esta casa también es la del sexo y las emociones sexuales.

9.ª casa

LOS VIAJES

REGIDA POR SAGITARIO

Esta es la casa de los viajes a larga distancia y de la exploración, así como de la apertura de mente que el viaje puede traer consigo y de cómo se expresa. También refleja la difusión de ideas, que puede traducirse en esfuerzos literarios o de publicación.

11.ª casa

LAS AMISTADES

REGIDA POR ACUARIO

La undécima casa representa los grupos de amistades y de conocidos, la visión y las ideas. No trata de la gratificación inmediata, sino de los sueños a largo plazo y de cómo estos se pueden hacer realidad si somos capaces de trabajar en armonía con los demás.

12.ª casa

LOS SECRETOS

REGIDA POR PISCIS

Se la considera la casa más espiritual y es también la del inconsciente, los secretos y lo que puede estar oculto; es el metafórico esqueleto en el armario. También refleja las maneras encubiertas en que podemos sabotearnos a nosotros mismos y bloquear nuestro propio esfuerzo negándonos a explorarlo.

10.ª casa

LAS ASPIRACIONES

REGIDA POR CAPRICORNIO

Representa nuestras aspiraciones y nuestro estatus social, cuán arriba (o no) deseamos estar socialmente, nuestra vocación y nuestra imagen pública y lo que nos gustaría conseguir en la vida mediante nuestro propio esfuerzo.

El ascendente

El ascendente es el signo del Zodíaco que aparece en el horizonte justo al alba del día en que nacemos y depende del lugar y de la hora de nacimiento. Por eso, cuando hablamos de astrología resulta útil conocer la hora de nacimiento, porque el ascendente ofrece mucha información acerca de los aspectos de tu personalidad que son más evidentes, de cómo te presentas y de cómo te perciben los demás. Por lo tanto, aunque tu signo solar sea Escorpio, si tienes ascendente Cáncer es posible que se te perciba como a una persona con instinto maternal, con un compromiso significativo con la vida doméstica, en un sentido o en otro. Conocer tu ascendente (o el de otra persona) te puede ayudar a entender por qué da la impresión de que no hay una relación directa entre la personalidad y el signo solar.

Si sabes la hora y el lugar en que naciste, calcular el ascendente con una herramienta en línea o una aplicación es muy fácil (p. 108). Pregúntale a tu madre o a algún familiar o consulta tu partida de nacimiento. Si la carta astral fuera una esfera de reloj, el ascendente estaría en el 9.

El descendente

El descendente nos da una indicación de un posible compañero de vida, a partir de la idea de que los opuestos se atraen. Una vez conocido el ascendente, calcular el descendente es muy sencillo, porque siempre está a seis signos de distancia. Así, si tu ascendente es Virgo, tu descendente es Piscis. Si la carta astral fuera una esfera de reloj, el descendente estaría en el 3.

El medio cielo (MC)

La carta astral también indica la posición del medio cielo (del latín *medium coeli*), que refleja tu actitud hacia el trabajo, la carrera profesional y tu situación profesional. Si la carta astral fuera una esfera de reloj, el MC estaría en el 12.

El fondo de cielo (IC)

Para terminar, el fondo de cielo (o IC, por el latín *imum coeli*, que alude a la parte inferior del cielo), refleja tu actitud hacia el hogar y la familia y también tiene que ver con el final de tu vida. Tu IC está enfrente de tu MC. Por ejemplo, si tu MC es Acuario, tu IC será Leo. Si la carta astral fuera una esfera de reloj, el IC estaría en el 6.

El retorno
de Saturno

Saturno es uno de los planetas más lentos y tarda unos 28 años
en completar su órbita alrededor del Sol y regresar al lugar que
ocupaba cuando naciste. Este regreso puede durar entre dos y
tres años y es muy evidente en el periodo previo al trigésimo
y el sexagésimo aniversarios, a los que acostumbramos a
considerar cumpleaños importantes.

Como en ocasiones la energía de Saturno puede resultar muy
exigente, no siempre son periodos fáciles en la vida. Saturno es
un maestro sabio o un supervisor estricto y algunos consideran
que el efecto de Saturno es «cruel para ser amable», al igual
que los buenos maestros, y nos mantiene en el camino como un
entrenador personal riguroso.

Cada uno experimenta el retorno de Saturno en función de
sus circunstancias personales, pero es un buen momento para
recapacitar, abandonar lo que ya no nos sirve y reconsiderar
nuestras expectativas, al tiempo que asumimos con firmeza
qué nos gustaría añadir a nuestra vida. Por lo tanto, si estás
pasando, o a punto de pasar, por este evento vital, recíbelo con
los brazos abiertos y aprovéchalo, porque lo que aprendas ahora
(acerca de ti mismo, fundamentalmente) te será muy útil, por
turbulento que pueda llegar a ser, y puede rendir dividendos en
cómo gestionas tu vida durante los próximos 28 años.

La retrogradación de Mercurio

Incluso las personas a quienes la astrología no interesa demasiado se dan cuenta de cuándo Mercurio se encuentra retrógrado. Astrológicamente, la retrogradación es un periodo en el que los planetas están estacionarios pero, como nosotros seguimos avanzando, da la impresión de que retroceden. Antes y después de cada retrogradación hay un periodo de sombra en el que podríamos decir que Mercurio ralentiza o acelera su movimiento y que también puede ser turbulento. En términos generales, se aconseja no tomar ninguna decisión relativa a la comunicación durante una retrogradación y, si se acaba tomando, hay que tener en cuenta que es muy posible que no sea la definitiva.

Como Mercurio es el planeta de la comunicación, es fácil entender por qué preocupa su retrogradación y la relación de esta con los fracasos comunicativos (ya sean del tipo más tradicional, como cuando enviábamos una carta y se perdía, o la variedad más moderna, como cuando el ordenador se cuelga y nos causa problemas).

La retrogradación de Mercurio también puede afectar a los viajes, por ejemplo con retrasos en los vuelos o los trenes, atascos de tráfico o accidentes. Mercurio también influye en las comunicaciones personales –escuchar, hablar, ser escuchado (o no)– y puede provocar confusión y discusiones. También pude afectar a acuerdos más formales, como contratos de compraventa.

Estos periodos retrógrados ocurren tres o cuatro veces al año y duran unas tres semanas, con un periodo de sombra antes y después. En función de cuándo sucedan, coincidirán con un signo astrológico específico. Si, por ejemplo, ocurre entre el 25 de octubre y el 15 de noviembre, su efecto tendrá que ver con las características de Escorpio. Por otro lado, las personas cuyo signo solar sea Escorpio o que tengan a Escorpio en lugares importantes de su carta, experimentarán un efecto más intenso.

Es fácil encontrar las fechas de retrogradación de Mercurio en tablas astrológicas, o efemérides, y en línea: se pueden usar para evitar planificar en esas fechas eventos que se pudieran ver afectados. Para saber cómo la retrogradación de Mercurio te puede afectar más personalmente, necesitas conocer bien tu carta astral y entender las combinaciones más específicas de los signos y los planetas en la misma.

Si quieres superar con más tranquilidad una retrogradación de Mercurio, has de tener presente la probabilidad de que surjan problemas, así que, en lo posible, prevé que habrá algún retraso y comprueba los detalles un par de veces o tres. No pierdas la actitud positiva si algo que esperabas se pospone y entiende este periodo como una oportunidad para hacer una pausa, repasar y reconsiderar ideas tanto en tu vida personal como en la profesional. Aprovecha el tiempo para corregir errores o reajustar planes, para estar preparado cuando la energía se desbloquee y todo pueda fluir con más facilidad.

Agradecimientos

Quiero transmitir un agradecimiento especial a mi fiel equipo de Tauros. En primer lugar, a Kate Pollard, directora editorial, por su pasión por los libros maravillosos y por haber encargado esta colección. Y a Bex Fitzsimons, por su edición tan benévola como meticulosa. Y, finalmente, a Evi O. Studio, cuyo talento dibujando e ilustrando han producido estas pequeñas obras de arte. Con un equipo tan lleno de estrellas, estos libros no pueden más que brillar. Y os doy las gracias por eso.

Acerca de la autora

Stella Andromeda estudia astrología desde hace
más de treinta años y está convencida de la
utilidad de conocer las constelaciones celestes
y sus posibles interpretaciones psicológicas. La
traducción de sus estudios en libros ofrece una
visión moderna y accesible de la antigua sabiduría
de las estrellas, que transmite su firme convicción
de que la reflexión y el autoconocimiento
nos hacen más fuertes. Con su sol en Tauro,
ascendente Acuario y Luna en Cáncer, utiliza la
tierra, el aire y el agua para inspirar su
viaje astrológico personal.

La edición original de esta obra ha sido publicada en
el Reino Unido en 2019 por Hardie Grant Books, sello editorial
de Hardie Grant Publishing, con el título

Scorpio: A Guide To Living Your Best Astrological Life

Traducción del inglés
Montserrat Asensio

Primera edición: *febrero de 2020*

Impreso en China
Depósito legal: B 24043-2019
Código Thema: VXFA1

ISBN 978-84-16407-78-1